AF561885

L'ANNEE 1860

# DEVANT L'EUROPE.

6

# L'ANNÉE 1860

DEVANT

# L'EUROPE

PAR M. ERNEST MERSON.

PARIS

CHEZ DENTU, LIBRAIRE-ÉDITEUR, PALAIS-ROYAL,

GALERIE D'ORLÉANS.

1861

1° L'entreprise garibaldienne et ses suites, c'est-à-dire : la révolution sicilienne ; la conquête du royaume de Naples faite, sans déclaration préalable de guerre, par les armées piémontaises ; l'envahissement brusque et non motivé du territoire pontifical par les généraux de Victor-Emmanuel ; la défense vaillante et prolongée, mais évidemment tardive, du roi François II ;

2° La guerre du Maroc, qui a réhabilité l'Espagne comme puissance militaire, et dont l'importance au point de vue chrétien n'a pas été suffisamment appréciée ;

3° L'annexion de la Savoie et de Nice à la France, qui s'est faite dans des conditions exceptionnelles, et dont l'influence morale, envisagée dans les faits qui l'ont précédée ou suivie, dépasse de beaucoup l'importance politique, considérée au point de vue de l'accroissement du territoire national ;

4° Les massacres de Syrie, avec leurs conséquences politiques et religieuses ; l'appel des populations chrétiennes éplorées, entendu par l'Europe, et le secours généreux dont la France a pris l'initiative pour arrêter le crime du fanatisme musulman et préserver de la mort les infortunés échappés au désastre ;

5° Enfin l'expédition de Chine, couronnée d'un succès prodigieux et consacrée par une paix dont notre pays a le droit de tirer un juste orgueil, parce qu'elle ouvre des horizons inattendus à la civilisation et au progrès.

# I.

Les événements de la Péninsule italienne ont été diversement jugés ; on les a condamnés ou applaudis, on s'en est réjoui ou effrayé ; mais l'opinion n'est pas absolument faite à leur égard. Supérieurs à toutes les prévisions, ils ont marché plus vite, en quelque sorte, que la pensée, et la conscience publique, tour-à-tour émue ou enthousiaste, indignée ou ravie, n'a pour ainsi dire pas eu le loisir ou la faculté de se recueillir pour les apprécier mûrement et sainement. La passion, d'ailleurs, a éclaté de toutes parts, et seules les âmes fortement trempées, seuls les esprits habitués à la réflexion calme et profonde, ont pu se rendre compte de ces faits successifs, qui sont venus détruire tant d'illusions, tromper tant de calculs et dépasser tant d'espérances. Il n'est qu'un en eux-mêmes, ces événements ont une portée politique qui franchit la frontière italienne, pour intéresser à la fois tous les peuples et tous les gouvernements européens.

Il y a longtemps que la question de nationalité est posée en Italie, et c'est un grand tort ou une grande ignorance de croire et de dire que Solferino l'a fait naître. Elle était préexistante aux faits contemporains, et à quelque date qu'on étudie l'histoire, on l'aperçoit qui se révèle, s'agite, se traduit en efforts divers, se fortifie dans le malheur et s'ensevelit sans mourir dans ses succès éphémères. L'Italie est frémissante depuis que, partagée arbitrairement, dépecée pour ainsi dire par ses dominateurs, elle a appris, en changeant de maîtres, qu'elle pouvait s'appartenir. Elle a vu successivement autour d'elle la France s'agrandir, l'Allemagne se développer, la Prusse prendre un corps et devenir Etat considérable, la Russie s'assimiler de vastes territoires, l'Angleterre s'étendre sur tous les continents et sous toutes les latitudes; tandis qu'elle, la grande Péninsule des anciens jours, elle qui avait conquis autrefois et dominé le monde, était condamnée à végéter dans son impuissance, objet continuel de compétitions étrangères, éternel prétexte de guerres furieuses, passant du joug de la France sous le joug autrichien, figurant sur les cartes comme le prix de toutes les victoires européennes, et devenant de plus en plus, suivant un mot célèbre, une simple expression géographique, au lieu d'être un grand et fort pays, une nation unie et autonome, un peuple vigoureux ayant une existence propre, une politique, une autorité. L'Italie s'est depuis longtemps irritée contre elle-même de cet état d'affaissement et d'humiliation qui la vouait inévitablement au sort douloureux subi par la Pologne et à l'extrémité funeste prédite à la Turquie. Après avoir essayé ses forces en diverses circonstances, elle les a réunies, et, pour ne pas demeurer à toujours la proie des autres, elle a compris qu'elle devait manifester ostensiblement la volonté d'être sa propre souveraine.

Evidemment, voilà l'origine et la pensée et le but de la révolution que nous venons de voir s'accomplir. Mais cette révolution s'est-elle faite par des voies justes, et, dans les événements dont nous avons été les témoins attentifs, n'y a-t-il rien qui offense des droits acquis, blesse l'équité, attriste la victoire, déshonore le triomphe et rende importun jusqu'au succès lui-même ?

Le temps n'est pas venu peut-être de se prononcer sur ces questions si graves. Nous sommes trop près des événements pour les bien apprécier ; nous nous y trouvons trop mêlés pour avoir le droit de les juger. Cependant on est sûr de ne point se tromper et d'être avec le sentiment intime du pays, avec le bon sens, la raison, la vérité, en condamnant l'entreprise révolutionnaire de Garibaldi en Sicile, en regrettant comme une faute dangereuse et un acte criminel d'usurpation l'envahissement brutal des Marches et de l'Ombrie par les armées piémontaises ;

Emmanuel dans le royaume napolitain, après qu'il avait formellement désavoué cette guerre fatale à la gloire de l'affranchissement italien, et si peu conforme aux loyales intentions de l'Empereur Napoléon comme aux conseils bienveillants de la France.

Nous venons de parler de la France et de l'Empereur. Arrêtons-nous pour dire que l'action réelle du pays et la politique du Souverain, dans les circonstances qui viennent de se produire, ont été singulièrement méconnues, mal comprises et travesties par l'esprit de parti, incessamment en éveil et toujours en travail pour imposer au public insoucieux ou aveugle ses fantaisies, ses erreurs et ses impostures.

D'un côté, on a reproché à l'Empereur de ne pas favoriser la révolution italienne, juste dans ses causes aussi bien que glorieuse dans son but. De l'autre, on a osé dire de lui qu'il secondait les événements jusque-là d'en être le complice. Incrimination coupable et reproche menteur contre lesquels la ferme et généreuse attitude de notre pays proteste, et qui, se greffant à la fois sur des espoirs mauvais et sur une ingratitude calculée, portent trop clairement la marque de l'esprit d'hostilité à outrance pour que la droiture des honnêtes gens ne les frappe pas ensemble d'un arrêt sévère et d'une énergique réprobation.

L'Empereur n'a pas favorisé la révolution italienne, parce qu'il avait été au-devant d'elle, en donnant par la confédération convenue et stipulée à Villafranca une organisation politique à la Péninsule; parce que Garibaldi, en appelant ses volontaires aux armes détruisait son œuvre et compromettait par la violence le sort d'une nationalité qu'il voulait fonder, lui, sur l'ordre et sur la paix; parce qu'en déchirant à coups de canon le traité de Zurich, en violant la foi jurée, en attaquant le Pape sur son propre territoire, en expulsant François II de son royaume et en le bombardant jusque dans son dernier asile, Victor-Emmanuel méconnaissait du même coup ses devoirs et ses droits, inaugurait une sorte d'état barbare au milieu de la civilisation européenne, outrageait le Chef vénéré de la chrétienté, se montrait mauvais souverain et mauvais parent vis-à-vis d'un jeune prince qu'il attaquait sans lui avoir déclaré la guerre et dépossédait au profit bien plutôt d'une ambition personnelle et vulgaire que d'un but généreux et national; parce qu'enfin le débat armé faisait naître des complications étranges et redoutables dont le résultat pourrait être de transformer encore les peuples en ennemis implacables et le monde en un vaste champ de carnage.

L'Empereur n'a pas favorisé la révolution italienne pour tous ces motifs, et surtout parce qu'il n'est pas révolutionnaire. Il met sa gloire à manifester sa puissance comme un modérateur et non pas comme un agitateur. Il aime à défendre les droits outragés, à seconder la marche de tous les progrès réguliers, et à accomplir toute entière la grande mission confiée par Dieu à son génie; mais il ne consentira jamais à être le collaborateur de l'injustice, le soutien de la violence, l'inspirateur du désordre et l'appui du mouvement presque formidable qui s'appelle le condottiere Garibaldi.

Mais si l'on s'étonne que certains hommes fassent un crime à Napoléon III de n'avoir pas secondé la révolution italienne, combien ne doit-on pas éprouver une surprise profonde et douloureuse à voir d'autres esprits passionnés, prévenus ou malveillants, prétendre qu'il est le promoteur véritable ou tout au moins le complice secret de cette révolution? Il a protesté contre l'ingérence de Victor-Emmanuel dans le mouvement offensif dont le royaume des Deux-Siciles était le théâtre, en rappelant son ambassadeur à Turin; il a donné l'ordre à son armée de serrer les rangs autour du Souverain Pontife, pour garantir l'intégrité de son pouvoir et la sécurité de sa personne; il a expulsé les Piémontais de tout le territoire connu sous le nom de domaine de Saint-Pierre. Il a fait tout cela; on le sait, on l'a vu : et on l'accuse! Sans lui, le Pape errant et fugitif abriterait sa tiare sous le sceptre mal affermi de quelque royauté chancelante, la Ville sainte serait aux mains de l'ennemi et le roi d'Italie daterait ses décrets du Vatican. L'Autriche avait trop affaire chez elle pour s'y être opposée; la Prusse ne s'en serait guère souciée; la Russie eût laissé le crime s'accomplir, et l'Angleterre y eût certainement applaudi. Seule la France pouvait sauver la Papauté et dire à la Révolution : Tu n'iras pas plus loin; de même que seule elle a eu la générosité ou la puissance de protéger contre la flotte ennemie les murailles menacées de Gaëte. Et cependant des paroles d'incrimination s'élèvent, et l'ingratitude gagne de propre en proche, et la calomnie se donne carrière, et l'on s'efforce d'abuser le monde catholique et de le rendre solidaire de toutes ces malveillances, de tous ces mensonges que la passion politique inspire et propage. Triste spectacle qui fait naître d'amères réflexions et qui n'est pas l'un des traits les moins significatifs de ce temps fertile en injustices et en regrettables défaillances.

Si l'on y songeait un peu sérieusement, ou plutôt si l'on ne se laissait dominer par l'idée factieuse qui lève son drapeau sous prétexte religieux et recrute ses troupes à l'aide d'une détestable fraude, combien ces appréciations ne seraient-elles pas différentes! Faites qu'un autre gouvernement quelconque, royauté traditionnelle, pouvoir d'expédient ou république, se soit trouvé en présence de faits analogues à ceux qui se produisent; et, par leurs actes connus, qu'on juge de l'attitude qu'ils y auraient prise. Charles X, qui expulsait arbitrairement les jésuites pour obéir à la pression révolutionnaire; Louis-Philippe, qui permettait à l'émeute de saccager des églises, de faire de l'archevêché de Paris un monceau de ruines, et de détruire dans nos campagnes le signe rédempteur de la foi; Février, qui contraignait le clergé à s'humilier au milieu des manifestations anarchiques, et, dans ses élans sacriléges, exigeait de l'eau bénite pour tous les arbres de liberté que plantait la canaille; tous ces gouvernements eussent-ils pu, eussent-ils voulu, eussent-ils osé envoyer une armée restaurer à Rom

l'autorité pontificale, maintenir pendant onze ans leurs soldats dans les Etats de l'Eglise, défendre la Papauté contre tous ses ennemis du dedans et du dehors, assurer enfin, par une occupation ferme et des dispositions énergiques, le salut de ce pouvoir du Saint-Père, tant menacé et dont la révolution demande ou poursuit avec tant de persévérance l'anéantissement ?

C'est aux hommes de sincérité que la question s'adresse; que leur conscience réponde.

Mais, si les régimes antérieurs n'eussent pas fait ce que l'Empire a accompli ; si, avec le Roi légitime, le Roi bourgeois ou la République, la Papauté eût été fatalement sacrifiée au lieu que l'Empereur la protége et la sauve ; n'a-t-on pas le droit de s'étonner, de s'affliger, de s'indigner aussi de toutes les colères insensées qui se produisent, de toutes les accusations ingrates qui se formulent, enfin de toutes les terreurs offensantes ou puériles qu'on semble prendre à tâche de propager ?

## II.

En s'armant pour châtier les musulmans du Maroc, l'Espagne n'a pas seulement voulu venger de graves offenses et réprimer des attentats criminels. Elle a eu encore et surtout pour but d'établir que toutes ses dissensions intestines ne l'ont pas fait déchoir à ce point qu'on dût ne la considérer plus comme puissance militaire et la traiter comme une nation épuisée, un peuple abâtardi, un gouvernement enfin sans ressort, sans vigueur et dépouvu de toute autorité politique. En faisant la guerre en Afrique, elle voulait se révéler à l'Europe. En passant le détroit pour restaurer ou fortifier son influence dans la Méditerranée, elle aspirait encore à démontrer que, si elle ne figure pas au nombre des grands Etats régulateurs de l'équilibre européen, elle est du moins digne d'y occuper une place honorable.

L'Angleterre, qui ne veut pas que les autres peuples manifestent leur action souveraine quand son propre intérêt ne le commande pas, et qui redoute spécialement de voir l'Espagne se mettre en mesure d'accroître sa situation et son importance dans le monde; l'Angleterre inquiète, soupçonneuse et jalouse, essaya d'entraver cette expédition doublement suspecte à son gouvernement : elle la déconseilla d'abord, puis elle s'efforça de la prévenir avant qu'elle devînt un fait, ou de l'arrêter dans ses étapes préliminaires avant qu'elle fût triomphante; mais, sûre de l'appui sincère et cordial de la France; forte de l'adhésion et des encouragements de l'Empereur Napoléon, l'Espagne, qui a profondément à cœur de hâter le développement de ses destinées nouvelles, a secoué le joug des avis, des intimidations, presque des menaces du cabinet de Londres, et a persévéré vaillamment dans l'œuvre courageuse, réparatrice et profondément habile qu'elle avait conçue et entreprise; elle a, malgré le voisinage de Gibraltar et la surveillance presque hostile d'une flotte anglaise, armé des vaisseaux, embarqué des troupes, traversé la mer, bombardé les côtes ennemies, battu les bandes marocaines et contraint à coup de victoires l'empereur africain à s'humilier dans un onéreux traité de paix.

Ce résultat était prévu; mais il fallait au gouvernement de Madrid une résolution rare pour le poursuivre au milieu des difficultés extérieures dont il était entouré. Aussi doit-on le considérer, dans ses conséquences générales comme la date certaine de la réhabilitation de l'Espagne et du retour de la Péninsule à la grande existence politique. Le canon de Tétouan a retenti ailleurs qu'en Afrique, et ce n'est pas seulement sur l'armée maure que le maréchal O'Donnell a remporté la victoire. Une révélation presque soudaine s'est faite ; une conquête morale d'une importance inattendue s'est opérée ; secouant la poussière sous laquelle il semblait avoir enseveli sa vieille gloire, le royaume de Charles-Quint a cessé d'être en tutèle. Aussi les dédains de l'Europe ne sont-ils plus permis à l'égard de ce peuple qui, mettant fin aux angoisses sanglantes de la guerre civile, se réconcilie et s'arme pour conquérir dignement des droits nouveaux à l'estime universelle. Il faut désormais honorer cette nationalité ressuscitée, dont la grandeur interrompue se redresse et s'affirme. Tous les souverains doivent saluer cette Reine qui sait si bien relever son pays de la déchéance, glorifier sa couronne et gagner laborieusement à l'Espagne le rang qui va bientôt lui appartenir parmi les puissances de premier ordre.

C'est surtout en se modelant sur la France, en s'inspirant de sa fière indépendance, en marchant son pas et suivant ses traces généreuses ; c'est en abaissant une fois encore et pour jamais ces Pyrénées pendant longtemps disparues, mais que les événements européens ont eu le tort de rétablir un jour et de rendre menaçantes, que la Péninsule doit achever sa résurrection ; c'est en s'alliant intimement à l'Empereur, en secondant [illegible] sociant de plus en plus aux destinées du peuple puissant qu'il gouverne, qu'elle peut triompher des entraves du dehors, apaiser son peuple, contraindre les rivalités ennemies à l'impuissance, dominer les efforts malveillants et contraires de la Grande-Bretagne, reconstituer les bases de son influence légitime sur les affaires du monde, et recouvrer cette clé providentielle de la Méditerranée que Dieu lui avait confiée et qu'elle s'est imprudemment laissé ravir. L'avenir de l'Espagne est là tout entier. Le cabinet de Madrid sert les intérêts de la Péninsule en se solidarisant avec la France : il les compromettrait gravement en s'écartant de notre pays, pour aller chercher en Europe quelque alliance d'expédient ou quelque funeste amitié d'aventure ; il fortifie la politique espagnole et lui restitue sa grandeur des anciens jours en lui faisant prendre son point d'appui sur celle même de Napoléon III, tandis qu'il la saperait dans ses bases et la condamnerait à une chute nouvelle, s'il l'isolait ou s'il essayait de la subordonner aux combinaisons de quelque autre Etat, de la confondre dans les calculs ambitieux et absorbants de quelque autre gouvernement. L'alliance de l'Espagne est précieuse sans doute pour la Franee, mais elle ne lui est pas absolument nécessaire : les événements du passé ont établi cette double vérité ; au contraire, les conditions géographiques rendent le concours ami de la France essentiel à l'Espagne : c'est non-seulement dans les faits antérieurs, mais encore dans les circonstances contemporaines que nous en trouvons la preuve. Les deux peuples ont une origine commune, la même religion, des aspirations identiques, presque des instincts semblables. Seulement l'un occupe une place qui le fait, même réduit à ses seules forces, le maître de son propre sort, l'initiateur du progrès général et l'arbitre pour ainsi dire de la paix européenne; tandis que l'autre, confiné à l'extrémité du continent, dans une presqu'île où ses relations politiques se trouvent fatalement bornées et circonscrites, a besoin, pour exercer une influence, de passer les montagnes et de s'épancher vers la France. Voilà, comme situations respectives, ce qui établit la supériorité de notre pays et explique l'obligation matérielle où se trouve l'Espagne de rechercher notre alliance et de s'y rattacher, sans sacrifice d'honneur national comme sans préoccupation de faux amour-propre. Toutes les fois qu'elle s'est écartée de cette voie, elle a eu à le regretter amèrement ou à s'en repentir; tant qu'elle s'y est maintenue, elle en a tiré un grand profit pour elle-même et pour les garanties de bien-être et de progrès qu'elle y a trouvées. En d'autres temps, elle a été autorisée à nous adresser de vifs reproches; mais par combien de services durables n'avons-nous pas réparé vis-à-vis d'elle nos passagères erreurs? Outre que nous lui avons donné la maison royale qui la gouverne, elle nous doit presque entièrement ce qu'elle a d'ordre, d'assiette politique et de liberté. Nous pouvons faire plus encore pour elle.

La Péninsule est mûre, après tous ses malheurs, pour les grandes choses, et elle s'y prépare! Elle rompt surtout avec ses anciennes traditions de guerre civile et s'applique à guérir ses plaies récentes, à réparer ses lamentables désastres et à clôre l'arène dangereuse des compétitions intérieures. Elle est, d'ailleurs, puissamment aidée dans l'œuvre de pacification des partis par les fautes, les lâchetés et l'avilissement des princes qui, ayant naguère encore tenté de la troubler, ont, après leur échec misérable, après le sacrifice du principal de leurs généraux, après leur propre capture, achevé le discrédit de leur cause en renonçant spontanément à leurs prétentions à la couronne, puis en annulant plus tard l'acte même de leur renonciation. Le comte de Montemolin puisait dans sa naissance le droit de se considérer comme un principe, et, l'aîné d'une race illustre, il avait peut-être un rôle digne et considérable à jouer, sinon dans le présent, au moins en vue d'éventualités dont le secret n'appartient pas aux hommes. Il a mieux aimé être un conspirateur vulgaire, sans énergie et sans droiture, sans noblesse et sans courage ; à cette heure, il n'est plus qu'un rebelle, dont le retour en Espagne a cessé de paraître possible et qui demeure désormais sans titre pour exercer le pouvoir. Et puis, ne trouve-t-il pas un compétiteur, un ennemi même, dans l'un de ses frères, qui, pour se constituer un droit, a, de son propre mouvement, essayé de se faire l'âme d'un parti qui le répudie, et n'a pas craint, lui prince et Bourbon, de rédiger un manifeste républicain, arborant sans pudeur, sous prétexte d'avancement politique, le drapeau même de l'anarchie? Le comte de Montemolin trouve là un autre obstacle au-delà de tous ceux qui le séparent du trône, une condamnation de son impardonnable défaillance et un châtiment terrible, mais juste, de sa forfaiture. L'arrêt d'exclusion dont l'infant don Juan le frappe est sévère, mais il est équitable en même temps, et il était mérité.

L'aventure des fils de don Carlos, toute regrettable qu'elle soit au point de vue de la dignité et de l'honneur des princes, est un événement heureux pour la Péninsule. Si elle sait en profiter ; si, plus libre et plus rassurée du côté des luttes royalistes, elle parvient à résister aux préoccupations qui l'assiégent périodiquement pour ainsi dire, et aux entraînements qui menacent de temps à autre de la perdre, l'Espagne ne tardera pas à reconquérir une grande situation en Europe, et à habituer le monde, aujourd'hui recueilli comme à la veille d'un prodigieux travail de reconstitution et d'enfantement, à compter avec sa force, son influence restaurée et sa grandeur affermie.

## III.

Le massacre des Maronites du Liban n'est pas un fait purement accidentel, un de ces événements fortuits qui surprennent les hommes politiques et dont la trace, une fois qu'on les a corrigés, disparaît naturellement dans l'oubli; c'est une révélation depuis longtemps prédite et attendue, le signe évident d'une crise inévitable, le commencement enfin d'une grande catastrophe.

On sait que la lutte du fanatisme musulman contre les chrétiens de Syrie n'est point nouvelle; elle a eu, depuis des siècles, de terribles et nombreuses manifestations; mais jamais elle n'avait pris le caractère sauvage que nous venons de lui voir; jamais non plus, abusant de la force, s'autorisant de la complicité des gouverneurs et s'inspirant d'un esprit de cruelle vengeance, elle n'avait aussi ouvertement tendu à l'extinction de l'élément maronite. C'est la guerre, dit-on ; oui, mais la guerre implacable de l'oppresseur contre l'opprimé, de la race conquérante contre les débris de la race conquise, du bourreau contre la victime ; la guerre surtout de la barbarie révoltée contre la civilisation, quand elle comprend que le progrès la devance, la domine et la déborde. Les Druses ont tué les chrétiens parce qu'ils redoutaient de voir avec eux s'épanouir en Orient la loi de Jésus-Christ ; les pachas les ont tolérés ou assistés, parce qu'ils partageaient leurs appréhensions et leurs violentes haines ; mais tous ensemble ignoraient qu'en provoquant les colères légitimes et vengeresses de l'Europe, ils marquaient comme la suprême étape de l'Empire turc, et hâtaient l'agonie de ce « moribond » dont parlait naguère l'empereur Nicolas et qui doit n'être bientôt qu'un cadavre.

Voilà surtout en quoi les égorgements de Beyrouth et de Damas ont eu une grande importance politique. En jetant une clarté sinistre sur l'état intérieur de la Turquie, ils ont démontré qu'il est puéril et dangereux d'espérer voir l'Islamisme se réconcilier jamais avec l'idée chrétienne ; ils établissent en même temps que l'Europe doit retirer sa protection à cet Empire dont l'existence menacée a été prolongée sous prétexte d'équilibre, dont le partage est si difficile qu'on redoute de le tenter, mais qui n'a plus de raison d'être et dont l'intérêt et la gloire de ce siècle exigent la prompte suppression. La France et l'Angleterre se sont un jour armées pour arrêter la Russie en marche sur Constantinople ; et elles ont eu raison, parce que l'influence moscovite, déjà si vaste en Asie, s'y fût démesurément accrue et eût été dominante dans la Méditerranée; mais de ce que les deux grandes nations occidentales ont empêché une confiscation brutale au profit d'un seul peuple, ce n'est pas à dire qu'elles ne comprennent pas la nécessité du dépècement prochain, le plus prochain possible, du territoire immense soumis à la domination du Croissant. La France a ce sentiment à un plus haut degré que l'Angleterre, parce qu'elle est plus sincère et plus généreuse; parce que sa politique embrasse de plus vastes horizons et qu'elle possède mieux l'instinct des choses justes et la conviction des choses grandes; mais le cabinet de Londres est moins hostile qu'autrefois à l'œuvre de réparation dont l'Orient sollicite l'accomplissement, et, pourvu qu'on lui fournisse l'occasion de se fortifier dans l'Archipel, pourvu qu'on n'élargisse pas la route que la Russie s'est frayée vers l'Inde, pourvu que le Bosphore ne tombe pas dans des mains suspectes, il ne demandera pas mieux que de contribuer à l'exécution du condamné et de participer au partage de ses dépouilles. La question pour la Grande-Bretagne est là toute entière. Qu'on lui donne des garanties suffisantes, et, loin de maintenir sa bienveillance au Sultan, elle sera la première à établir l'urgence de sa dépossession.

Lorsqu'après les massacres qui ont ensanglanté le Liban, l'Empereur Napoléon résolut d'envoyer à Beyrouth une armée chargée à la fois de rassurer les populations chrétiennes et de punir les assassins, le Foreign Office protesta. Son âme n'était pas suffisamment émue, et il ne croyait pas qu'il fût indispensable d'intervenir pour arrêter un carnage dont le retentissement avait trouvé son cœur froid et son oreille sourde. En réalité, il était jaloux de voir la France reconquérir en Syrie la prépondérance que les erreurs et les fautes de 1840 lui avaient fait perdre, et il redoutait qu'en prenant pied en Orient, notre pays y voulût acquérir une notoriété qui consacrât dans l'avenir son protectorat sur ces provinces, et jusqu'à son pouvoir même. Aujourd'hui, mieux édifié sur le désintéressement et la générosité de notre intervention, de même que sur son but nettement défini, il l'accepte après l'avoir subie, et ne contredit pas plus que les cabinets de Saint-Pétersbourg, Vienne et Berlin, au maintien prolongé de nos troupes dans les villes syriennes. Tous les souverains comprennent la nécessité de cette occupation salutaire dont l'initiative sera l'une des gloires de l'Empereur Napoléon, mais qui n'est, à vrai dire, que le commencement d'une œuvre gigantesque dont les hommes n'embrassent pas encore bien l'étendue, parce que Dieu lui-même en dirige la marche et les progrès providentiels.

A présent, ce n'est plus l'esprit de Mahomet qui va dominer en Orient ; c'est la loi chrétienne, qui, après des siècles d'asservissement, de persécutions et de silence, se réveille et triomphe ; c'est la foi qui sort des limbes où elle gémissait engourdie, mais non pas morte, qui se ravive et châtie ceux-là qui avaient essayé de la tuer.

Résultat prodigieux et inespéré dont la France est l'initiatrice, et qui, ayant le monde pour témoin, n'est point encore parvenu cependant à faire taire les passions politiques dont l'injustice implacable refuse de tenir compte à l'Empereur du service sans pareil qu'il rend, là-bas, à la vérité, à la religion, au droit, à la civilisation. Travail immense aux débuts duquel nous assistons sans paraître en apprécier la portée souveraine, mais dont la postérité plus équitable fera un puissant titre d'honneur au prince vaillant et fort qui l'a entrepris.

La chaîne politique des temps se renoue après avoir été brisée. Nos anciens rois avaient tenté d'affranchir l'Orient de l'opprobre musulman ; la dynastie nouvelle reprend leur glorieux labeur avec la volonté ferme de l'accomplir. En acceptant la pensée qui les dirigeait, elle évitera les erreurs qui les firent échouer; non moins ardente au bien, cependant plus éclairée et plus prévoyante, elle ne substituera pas le désordre à l'oppression ou la violence au fanatisme : elle envisage le même but, mais en employant, pour l'atteindre, des moyens plus rationnels et en suivant des voies plus sûres. C'est encore une croisade, mais une croisade sans ces bandes affamées qui avaient hâte d'échanger la misère dans le travail contre la richesse dans l'oisiveté ; sans ces chrétiens d'aventure qui procédaient à la restauration de la foi par le meurtre et le pillage ; sans ces princes ambitieux et impatients, courant, sous de pieux prétextes, à l'unique recherche d'opulentes couronnes ; sans rien enfin de ce qui rendit autrefois la victoire éphémère et le désastre inévitable; c'est une croisade régulière qui s'avance sans fracas, mais qui pénètre d'autant plus avant parmi les peuples à punir ou à sauver, qu'elle embrasse le seul intérêt du christianisme civilisateur, et qu'en châtiant elle enseigne, qu'en émancipant elle améliore.

Voilà, en outre d'autres causes découlant de la nature même de l'entreprise, ce qui affirme aujourd'hui la sécurité du succès.

L'Orient est dégénéré. Destitué de son antique poésie, après avoir été le berceau bénit du monde, il menace d'en devenir le fatal tombeau. Mais il peut être encore réhabilité, relevé de son avilissement et rendu à ses grandes destinées. D'accord sur ce point, les souverains d'Europe ne s'entendaient pas sur les combinaisons à adopter pour atteindre le terme essentiel. Le général Bonaparte avait rencontré en Egypte l'Angleterre armée pour le maintien de l'empire des Turcs. Associés plus tard pour défendre les Hellènes et rétablir le petit royaume grec, trois puissants Etats s'arrêtèrent à la moitié de leur œuvre et ne surent pas profiter de la victoire pour refouler jusqu'en Asie les sectaires du Coran. A une date plus rapprochée, la France de Juillet résolut de seconder le mouvement émancipateur tenté par Ibrahim contre le vieux Mahmoud; mais elle en fut empêchée par les rancunes jalouses des grandes puissances, et, pour rentrer dans le concert européen dont on l'avait brutalement exclue, elle consentit à s'humilier jusqu'à condamner ostensiblement les triomphes dont elle s'était réjouie, et à devenir l'ennemie déclarée du guerrier dont elle avait conseillé la rébellion et encouragé la marche. Récemment, la Russie voulut s'emparer de la Corne-d'Or et réaliser l'un de ses rêves favoris en devenant maîtresse de l'une des portes de la Méditerranée; l'entreprise était une sorte de défi jeté au monde : l'on sait comment la France et la Grande-Bretagne, unies dans un même intérêt, la firent avorter. C'est ainsi qu'à diverses époques, l'Empire turc, depuis longtemps condamné au démembrement, fut sauvé par le défaut d'entente des souverains d'Europe, ou par leurs hostilités réciproques, ou par l'incertitude de leur politique, ou par l'égoïsme et l'insolence de leur ambition, surtout par leur désaccord sur les attributions ultérieures d'un partage; voilà comment, échappant à son sort, il est parvenu à poursuivre, jusqu'à ce moment, sans pertes considérables de territoire, sa carrière incertaine et tourmentée.

Cependant, en ces dernières années, on a tenté une loyale épreuve, à laquelle quelques musulmans éclairés se sont associés de bonne foi, mais qui a abouti au plus triste résultat. Ouvrant à la Turquie les voies du progrès, on lui a fourni les moyens de secouer la honte de sa vieille barbarie et de se régénérer; on s'est efforcé de l'arracher à son ignorance, à ses énervements, à ses lâches oisivetés, à ses préventions, à ses implacables haines, à la froide cruauté de son fanatisme; en lui enseignant les fermes et salutaires principes de la civilisation européenne, on a espéré étouffer les traditions funestes au sein desquelles la vie asiatique a endormi sa virilité. Tentatives vaines, efforts superflus, illusions évanouies! On n'a fait qu'acquérir une fois de plus la preuve que l'Empire ottoman a fini son temps, et que, rebelle aux avis, aux remontrances, à l'exemple, à la menace, au châtiment, il se dissout, attendant, souhaitant, sollicitant presque qu'on mette un terme à sa vie épuisée, plus pénible pour ainsi dire que la mort même. Les excès auxquels il vient de se livrer et le peu de souci qu'il prend de les punir, sont le sûr indice d'une situation qui ne peut se prolonger sans un danger considérable et qu'on ne saurait tolérer sans déshonneur. Ils fournissent à la fois une occasion légitime dont il convient de s'emparer pour la rendre profitable au rayonnement du bien. Cela est compris partout, et de toutes parts la même pensée se fait jour : les princes et les peuples s'entendent pour reconnaître que la chute du pouvoir musulman est une nécessité irrémissible à laquelle il faut désormais pourvoir. Aussi l'Orient sera-t-il dans un temps prochain le théâtre de graves événements, à moins que des complications européennes, en surgissant, ne viennent prolonger encore une fois l'existence d'un trône depuis si longtemps ébranlé, menacé et fatalement destiné à périr.

## IV.

L'annexion pacifique de la Savoie et du comté de Nice à la France a une importance triple.

Elle rend au pays l'une de ses frontières naturelles et accroît sa force en le garantissant contre tout danger d'invasion du côté de l'Italie.

Elle développe l'influence extérieure acquise à la politique de l'Empereur.

Elle démontre que l'Europe, malgré ses rancunes, comprend et accepte le droit qu'a la France d'achever l'anéantissement des traités funestes dont elle a subi avec tant de résignation les clauses offensantes et rigoureuses, à l'époque de ses revers et de ses malheurs.

Pendant longtemps, la France, l'un des royaumes démembrés de l'immense empire de Charlemagne, travailla à reprendre sa position perdue, sa grandeur évanouie, en s'efforçant de regagner sinon sa frontière naturelle, sa frontière gauloise, au moins quelques-uns des pays qui l'en séparaient et dont elle pût se faire une barrière contre ses ennemis. Ce fut la tâche à la fois difficile et glorieuse de ses rois. C'est ainsi que le domaine royal qui, sous Hugues Capet, avait pour villes extrêmes Orléans et Beauvais, possédait déjà pour limites, sous Philippe-Auguste, au midi la Charente et le plateau de l'Auvergne, au levant l'Yonne, au couchant la Mayenne, au nord la Somme et la Manche ; c'est ainsi que, sous saint Louis, par la conquête du Languedoc, il touchait aux Cévennes, aux monts pyrénéens et à la Méditerranée; que, sous Philippe-Auguste, il s'agrandit encore de la Champagne et du Lyonnais ; enfin que, sous Philippe de Valois, il joignait, par l'acquisition du Dauphiné, la seule partie des Alpes qui, jusqu'en 1792, nous ait servi de frontière.

Comme leurs prédécesseurs, tous les rois jusqu'à Louis XV s'appliquèrent à agrandir la carte de France. Ce fut non pas leur unique, mais du moins leur principale préoccupation. Tant que le pays n'avait que des frontières artificielles et politiques, il y avait pour la monarchie quelque chose à faire et quelque territoire à conquérir. Charles VII, après avoir triomphé des Anglais, essaya de s'étendre jusqu'au Rhin ; il n'y réussit pas, mais sa tentative l'honore d'autant plus qu'elle engendra des conséquences politiques considérables et prépara l'avenir ; Louis XI réunit à sa couronne la Provence, la Bourgogne et le Roussillon ;

Charles VIII acquit la Bretagne ; Henri II occupa Toul, Metz, Verdun, et plusieurs places du Piémont, qui, à défaut du versant occidental des Alpes, nous ouvraient d'une manière permanente les portes de l'Italie ; Henri IV enfin, le chef glorieux de la maison de Bourbon, après avoir apporté à la France deux petites provinces, héritage de ses pères, le comté de Foix et le Béarn, qui affermissaient la frontière nationale sur les Pyrénées, enleva aux princes de Savoie une partie de leurs possessions françaises, et acquit la Bresse et le Bugey, dont la conquête mit notre limite du levant sur le Jura. Dans ses projets de remaniement de l'Europe, le Béarnais voulait faire bien davantage, et sa politique a trop d'affinités générales avec celle de Napoléon III pour qu'il ne soit pas intéressant et utile de la résumer. Si la mort ne fût venue brusquement l'arrêter, il eût arraché l'Italie à la domination de l'Allemagne, en donnant au Pape le royaume de Naples, aux Vénitiens la Sicile, au duc de Savoie le Milanais, et il eût fait de tous les Etats italiens une Confédération indépendante à la fois de l'Autriche et de la France, mais attachée naturellement à celle-ci par la communauté de race et de religion. D'ailleurs, la France eût complété sa frontière des Alpes par l'acquisition de la Savoie. « Tout ce qui parle naturellement français, disait-il, doit être sujet du roi de France (1). »

Ce projet de Confédération italienne, si violem-

(1) Théophile Lavallée.

ment critiqué de nos jours, après qu'on l'a eu stipulé à Villafranca, avait été également adopté par Louis XV, qui, lors de la guerre de succession d'Autriche, s'occupa surtout de fortifier l'action française dans la Péninsule, non pas pour dominer les gouvernements italiens, mais bien pour les affranchir de toute tutelle étrangère. Son plan, emprunté évidemment à celui d'Henri IV, était « de donner à l'Italie une assiette fixe et d'en lier les parties éparses par une fédération générale qui la rendît indépendante des lois et de l'influence de l'étranger. » — « Il faut, disait-il dans ses instructions diplomatiques, concentrer les puissances italiques en elles-mêmes, en chasser l'Autriche et montrer l'exemple de n'y plus prétendre. » Des négociations actives furent entamées à cet effet, d'après lesquelles l'Italie supérieure aurait été partagée entre le duc de Savoie, à qui l'on aurait donné le Milanais; un Bourbon d'Espagne, qui aurait eu Plaisance et Mantoue, c'est-à-dire les deux clefs du bassin du Pô; le duc de Modène, à qui eussent été attribuées les républiques de Gênes et de Venise. L'Italie méridionale eût continué d'appartenir au duc de Toscane, au Saint-Père, au roi de Naples et de Sicile. Tous ces Etats auraient formé une Confédération puissante, dont le Pape se serait vu nommer chef suprême.

Voilà le projet élaboré par Louis XV, que l'ambition de la cour d'Espagne fit échouer comme l'ambition de la cour piémontaise a fait avorter l'arrangement loyal et fécond consenti, au lendemain de Solférino, par François-Joseph et Napoléon III. Le roi de France voulait, comme l'Empereur des Français, l'Italie non pas *une,* mais *unie,* indépendante quoique solidaire, gouvernée par ses princes, avec la grande figure du Pontife pour sanctifier, bénir et diriger la ligue des confédérés. Mais les événements sont dans la main de Dieu : les hommes s'efforcent de les préparer ; lui seul les dirige.

Il n'en est pas moins remarquable que ces arrangements politiques élaborés par Henri IV et Louis XV, aient survécu aux règnes qui les avaient conçus, et que notre temps assiste aux efforts tentés pour en assurer la réalisation.

Cependant Henri IV, dont c'était la passion de donner à la France une grande force et une sécurité puissamment établie, ne prétendait pas seulement affermir notre frontière sur les Alpes en constituant une Confédération italienne, qui eût soustrait la Péninsule à l'influence de la maison d'Autriche ; il voulait encore réunir au pays la Lorraine par un mariage, puis le Limbourg, le Luxembourg, les duchés de Clèves et de Juliers, et absorber les Provinces-Unies. « Conjoindre inséparablement la France avec les Pays-Bas, disait Sully, est le seul moyen de remettre la France en son ancienne splendeur et la rendre supérieure à toute la chrétienté. » L'exécution de ces grands projets, inspirés par le fier souci des intérêts de la France et par la conscience d'un droit antérieur que les faits accomplis n'avaient pu vicier ou détruire, fut fatalement empêchée par le poignard de Ravaillac. Mais Richelieu reprit l'œuvre du Bourbon, au moins dans sa partie praticable c'est-à-dire le reculement de la frontière nationale sur ses points les plus vulnérables et aux dépens de l'Allemagne, dont la politique était plus que jamais contraire à la France ; c'est ainsi que s'explique et se justifie son intervention dans la guerre de Trente ans, à la faveur de laquelle il parvint à acquérir des territoires importants sur l'Escaut, sur la Meuse, du côté du Rhin et sur les Pyrénées.

Louis XIV recula considérablement les limites de nos frontières ; cependant ses conquêtes lui furent arrachées pour la plupart : les traités de Westphalie et de Nimègue ne durèrent pas ; ils eurent pour lendemain ceux d'Utrecht et de Rastadt. Toutefois le grand roi réussit à conserver l'Artois, la haute et basse Alsace et le Roussillon ; il eût voulu garder encore Nice et la Savoie, dont il s'était emparé ; mais, après ses malheurs, il y dut renoncer, laissant à l'avenir le soin de restituer définitivement à la France ces provinces françaises. « Les clauses du traité d'Utrecht relatives à l'Italie, dit un historien, furent celles qui causèrent à Louis XIV le plus de douleur et de sollicitude : le royaume qu'il laissait à son petit-fils lui semblait porter au flanc une blessure perpétuelle avec l'Autriche dominatrice de l'Italie, et surtout avec le double versant des Alpes appartenant à l'ambitieuse maison de Savoie, hostile depuis deux siècles à la France, et dont les trahisons récentes venaient d'être payées par la couronne royale. »

Louis XV augmenta le royaume de la Lorraine, dont la possession, préparée depuis longtemps, avait été assurée au pays par la prévoyance et l'habileté de Louis XIV. Il gagna également la Corse, convoitée avidement par l'Angleterre, qui, déjà en possession de Gibraltar et de Minorque, eût facilement pu, avec cette citadelle située à quelques heures de Toulon, chasser les Français de la Méditerranée.

Sous Louis XVI, ce roi faible à l'intérieur, mais dont la politique extérieure était ferme, nationale et d'une énergie rare, on ne songea à aucun agrandissement de territoire; on se contenta d'assurer les frontières du royaume plus habilement, plus complétement que jamais, par une ceinture d'Etats alliés ou neutres, qui rendaient la France monarchique inexpugnable, tandis que l'héroïsme de ses soldats devait rendre bientôt la France républicaine pour ainsi dire invincible.

Quant à Napoléon Ier, on sait jusqu'où il porta les bornes de l'Empire. Dans son puissant patriotisme et dans son génie, il voulait reconstituer la France de Charlemagne. A diverses époques il y sembla réussir; mais, comme disait Louis XIV, si nous savons conquérir, nous sommes inhabiles à conserver. La fortune le trahit à l'heure où il allait consolider son œuvre et l'achever en en réduisant de lui-même les proportions trop vastes; et lorsqu'il tomba du haut des cîmes où il planait; lorsque la victoire infidèle déserta son drapeau; lorsque, épuisé enfin par ses succès plus encore que par ses récents désastres, il résigna le pouvoir et déposa le sceptre, pour aller en exil expier les prodiges, bien plus encore que les erreurs de sa gloire, l'Europe s'empressa de reprendre toutes les provinces qu'elle avait perdues dans vingt-cinq ans de luttes, et, en 1814, le roi Louis XVIII rentra dans une France réduite à ses limites mêmes de 1792, sauf quelques places essentielles qui firent peur encore à l'Allemagne et que les alliés lui ravirent.

Si Napoléon III n'a point hérité des projets de conquête du chef illustre de sa race, il n'en accepte pas moins toute entière les traditions nationales de la monarchie. Investi d'une grande mission et chargé de grands devoirs, il ne prétend pas à un agrandissement démesuré de territoire; mais il veut reconstituer les frontières du pays, les appuyer, les rendre sûres et formidables, ne plus les considérer comme de simples points géographiques arbitrairement établis, mais comme des forteresses qui défendent le sol, constituent sa sécurité, et ferment à l'ennemi les routes qu'il avait cherchées en vain dans la guerre de succession d'Espagne, mais qu'il a su trouver, en 1792, en 1814 et en 1815, pour pénétrer jusqu'au cœur de la France. Il envisage toutes les éventualités que l'avenir renferme et dont les révélations peuvent se manifester dans le cours d'événements prochains, et il comprend l'obligation d'y pourvoir. S'il a réclamé le versant gaulois des Alpes, après les développements territoriaux et politiques de la Sardaigne en Italie, ce n'est pas pour le vain plaisir de gagner quelque lambeau de terre, mais bien pour assurer le pays contre une agression ultérieure des peuples de la Péninsule ou contre un passage

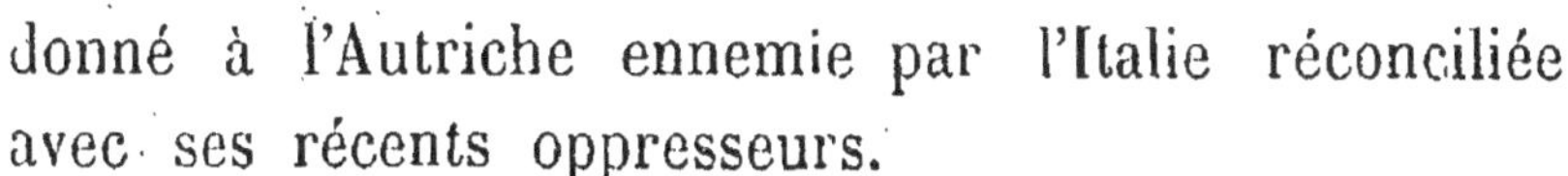

donné à l'Autriche ennemie par l'Italie réconciliée avec ses récents oppresseurs.

Cette rectification pacifique de territoire a, d'ailleurs, des précédents dans nos fastes, et c'est d'après le même principe de sécurité nationale que Louis XIV réunit à la France Sarrelouis, Strasbourg, Montbéliard et d'autres places encore, afin de fermer les voies que l'étranger pouvait prendre pour pénétrer en France, par la Meuse, la Moselle et le Rhin.

Cependant l'annexion de Nice et de la Savoie ne s'est pas faite par les voies de l'arbitraire ou de la contrainte. La France n'a pas conquis ces provinces; elle les a recouvrées. Elle n'a pas considéré les peuples comme des vaincus qu'on subjugue ou comme une marchandise qu'on achète; elle a vu en eux des amis qu'on retrouve et dont on se rapproche, parce qu'on les affectionne et les estime. Elle pouvait s'imposer à eux; elle leur a demandé s'ils voulaient revenir à elle.

Les lois de la politique moderne ont été scrupuleusement observées de part et d'autre. Relevés des serments qui les liaient à la Sardaigne, les Niçois et les Savoisiens ont été consultés loyalement, et librement ils se sont donnés, parce qu'ils venaient de s'appartenir. Ils ont d'eux-mêmes acclamé la France, sans regretter le Piémont, et se sont confondus dans cette grande et forte unité dont les événements les avaient séparés, mais dont ils étaient demeurés dignes et dont ils sont redevenus fiers.

Devant ce grand spectacle, l'Europe surprise, émue, irritée peut-être, est demeurée muette. Elle n'a pas applaudi à un fait qui détruisait en partie ses combinaisons de 1814 et son œuvre de 1815; mais elle n'a formulé aucune protestation. Elle n'a point ratifié diplomatiquement un acte consommé en dehors d'elle; mais, par son silence même, elle a donné une éclatante consécration à la prépondérance souveraine que Napoléon III, dans son calme, sa sagesse et son patriotisme, assurait de plus en plus dans le monde à la France et à sa couronne.

## V.

Lorsque la France et l'Angleterre firent partir chacune quelques troupes d'expédition pour la Chine, on se demanda quel intérêt si considérable poussait les deux gouvernements à porter la guerre si loin, et à compromettre dans une telle entreprise l'existence de tant de braves gens, animés bien moins de la fièvre d'aventures que du grave sentiment du devoir.

On ne tarda pas à le connaître.

La Grande-Bretagne voulait s'ouvrir un marché nouveau ; elle aspirait à étendre son trafic et à renverser les murailles fameuses du Céleste Empire afin de faire pénétrer ses cargaisons par la brèche. Marchande avant tout, elle cherche dans les derniers recoins des deux hémisphères des voies d'écoulement aux produits qui l'encombrent, et elle ne pouvait manquer un jour de contraindre les peuples de l'extrême-Orient à entrer avec elle en relations suivies d'échange. Elle dédaigne volontiers les idées généreuses et refuse de dépenser « un homme ou un schelling » pour défendre quelque grande cause menacée ou compromise ; mais elle sait toujours mettre à profit les occasions de réaliser ses combinaisons industrielles ou d'appliquer ses calculs commerciaux ; et, peu soucieuse alors du sacrifice de ses enfants, elle n'hésite jamais à s'armer pour s'enrichir. C'est sa mission dans le monde, et elle l'accomplit. La Chine s'était déjà entr'ouverte à elle, et lui avait fait apercevoir des éléments merveilleux de transactions opulentes; mais, en se refermant brusquement, elle avait rendu vaines ses espérances et détruit les bases mêmes des opérations sur les résultats financiers desquelles elle s'était plue à compter. Il y avait évidemment là de quoi justifier l'intervention de ses marins et de ses soldats, quand bien même elle n'eût pas eu à venger l'échec subi, l'an dernier, à Peï-ho, par sa flotte insuffisante, imprudemment engagée ou mal conduite.

Mais la France, qui achète peu de thé et ne vend

pas du tout d'opium ; la France, dont la politique se nourrit d'inspirations plus élevées, et qui poursuit un but autrement noble et digne ; la France qui, sans négliger l'intérêt de son travail industriel et commercial, ne tire pas d'habitude sa vaillante épée pour le seconder, le servir et l'étendre ; la France, qu'allait-elle faire dans cette mer lointaine ? dans quelle pensée véritable entreprenait-elle cette guerre difficile et périlleuse ? On l'a deviné partout avant même qu'elle l'eût dit : elle prenait les armes dans une ardeur purement chrétienne ; elle associait ses forces à celles de l'Angleterre pour réaliser une œuvre de progrès, pour ressusciter en Chine la foi meurtrie, offensée, persécutée, attiédie, sinon morte, pour relever la croix abattue, pour briser la barrière formidable qui séparait le monde civilisé du monde barbare, pour déployer enfin son drapeau, qui résume un programme, une croyance, un glorieux symbole, dans les régions où il n'avait point assez protégé encore l'expansion et la sécurité du christianisme.

Courageux missionnaire, initiateur résolu et plein de zèle, notre pays embrassait cette grande tâche ; Fils aîné de l'Eglise, continuateur sincère et convaincu du grand travail auquel se sont dévoués tous nos rois, héritier des vues profondes de Charlemagne, de saint Louis et de Napoléon I<sup>er</sup>, l'Empereur ambitionnait de donner ce témoignage de sa foi et de rendre à la religion cet éclatant service. On sait comme il y a réussi, et l'on connaît le traité intervenu entre les belligérants, après nos prodigieuses victoires. Un peuple de 400 millions d'âmes est affranchi des entraves qui le retenaient loin de la vérité; les chants de la liturgie romaine réveillent les échos endormis de la vieille cathédrale de Pékin; le bois de la Rédemption s'élève dans cet horizon qu'il épure et qu'il éclaire; le catholicisme restauré, débarrassé de ses chaînes, glorifié, libre enfin, est mis en possession de cathéchiser la Chine, de la régénérer, de la sauver.

Voilà le glorieux terme ambitionné et atteint!

Tandis que le plénipotentiaire anglais s'occupait de régler des questions mercantiles, l'ambassadeur de France s'attachait, lui, pour obéir aux instructions des Tuileries, à obtenir ces résultats de l'ordre moral et religieux. L'esprit des deux nations est tout entier dans cette différence des intérêts traités et défendus. Armés tous deux pour une cause identique en apparence, combattant ensemble dans la noble émulation de l'héroïsme et du devoir, les deux peuples se sont séparés sur le terrain de la paix. Chacun a stipulé au nom de ce qui lui semblait le meilleur, l'un pour le développement des échanges, l'autre pour l'épanouissement de la civilisation et du progrès. Les Anglais peuvent être satisfaits de leur lot; nous avons le droit, nous, d'être fiers du nôtre.

Et cependant on a vu avec quelle indifférence étrange la nouvelle de nos succès a été reçue par ceux d'entre nous que la passion politique inspire et domine. Un parti tout entier s'est isolé de la joie et de l'orgueil légitime du pays; il n'a pas osé précisément railler le grand triomphe obtenu, mais il l'a accueilli sans vouloir s'y associer, sans surtout y applaudir. Il semblait que ce ne fût pas la France qui eût vaincu là-bas, et qu'on se fût manqué à soi-même en participant pour un peu à l'enthousiasme national. Lorsqu'Alger tomba sous l'effort de nos armes, l'opposition libérale se donna, elle aussi, le grand tort de rester sourde à la voix du patriotisme et de témoigner de sa confusion par sa froideur. Tant il est vrai que les hostilités, toujours injustes et implacables, ne savent pas s'élever au-dessus des intérêts mesquins qu'elles servent, nourrissent ou représentent. Blanc ou tricolore, le pavillon que plantent nos soldats sur la terre conquise, c'est invariablement la France. Plaignons ceux qui l'ignorent ; mais soyons sévères, à toutes les époques, pour ces autres qui l'oublient ou refusent obstinément de le comprendre. Tous les partis s'honorent en se confondant dans la gloire du pays ; l'erreur qui étouffe en eux le sentiment de la patrie, est coupable et les condamne avec la pensée même, la pensée égoïste et funeste qui les anime.

Cependant, ce n'est pas tout, et nous ne devons point taire une impression plus douloureuse encore. Le devoir de la prière a été nié alors que nos soldats combattaient encore ; il n'a pas été obéi depuis même que la victoire a couronné leur généreux sacrifice. Les martyrs du dévouement devenus par le résultat les martyrs de la foi, ont fécondé de leur sang le sol conquis à la civilisation et à l'Eglise, sans que de pieuses oraisons parties des basiliques de France fissent cortége à leurs âmes. On attendait l'accomplissement de leur labeur pour les bénir; mais leur œuvre est achevée, et l'on n'a point encore, soit préoccupation étrangère, soit attente d'ordres officiels, glorifié leurs cendres par quelque manifestation religieuse. On avait dit, on avait publié même que leur intervention était mauvaise tant que le succès final demeurait incertain, et qu'on devait réprouver leurs efforts tant qu'ils n'étaient pas triomphants. Cruelle doctrine que l'on doit s'abstenir de discuter, parce qu'elle n'est pas le produit d'une conviction raisonnable et raisonnée, mais qui n'en a pas moins été un sujet de réflexions à la fois pénibles et justement sévères. Cependant aujourd'hui que le résultat est acquis et connu ; à présent que la croix rayonnante domine de ses bras protecteurs la vieille capitale barbare, pourquoi donc nos temples demeurent-ils silencieux ? pourquoi les échos de leurs voûtes ne répètent-ils pas et la psalmodie funèbre pour les morts et les chants joyeux de la gloire pour les vivants ?

Ah ! Dieu nous garde de parler avec amertume de cette abstention et de ce silence. Nous ne récriminons pas ; nous nous souvenons !

Nous nous souvenons qu'après Castelfidardo, l'Eglise déploya toutes ses pompes pour honorer la défaite des vaincus et célébrer leur courage impuissant ; nous nous souvenons que tous les prélats appelèrent les fidèles à la prière, et que plusieurs d'entre eux prononcèrent avec une haute éloquence l'éloge suprême des morts tombés pour la défense de la Papauté. L'Eglise et les évêques eurent raison, et ceux-là mêmes d'entre nous qui croyaient apercevoir plus de politique que de religion dans ces cérémonies un peu fastueuses, s'inclinèrent avec respect. Mais combien est plus grande, et plus féconde, et plus vaste, et plus sainte même, l'œuvre de nos soldats de Chine ! A Lorette, on combattait pour conserver au Pape quelque lambeau de pouvoir temporel; dans l'extrême-Orient, à six mille lieues de France, on a vaincu pour étendre dans des proportions sans limites pour ainsi dire le domaine de sa puissance spirituelle. En Italie, on résistait à un envahissement coupable qui, si favorisé qu'il ait été par le déploiement des forces ennemies, ne diminue pas d'un atôme l'autorité réelle du Pontife; en Chine, on a triomphé de la résistance barbare opposée à l'épanouissement de la foi, et l'on a ouvert au Saint-Père une terre immense où il pourra librement asseoir désormais et affermir son empire. Ici c'était un intérêt presque purement humain qui formait l'objet du débat; là-bas, c'était un intérêt véritablement supérieur et divin qui s'agitait. Pour la civilisation et le développement de l'idée chrétienne, lequel de ces deux intérêts vaut mieux ? lequel faut-il surtout honorer et servir ?

Sans aller plus avant dans ce parallèle, sans creuser plus profondément cette question que l'irritation vraie ou factice des esprits rend laborieuse et brûlante, nous exprimons le regret que la mission de nos soldats de Chine n'ait pas été comprise par les hommes de partis, et que leur sacrifice n'ait pas été

Quoi qu'il en soit, la tâche embrassée par l'Empereur est achevée. En jetant un vif et pur éclat sur son règne si rempli de faits immenses, elle donne à notre histoire une de ses plus belles et meilleures pages ; en satisfaisant ses aspirations généreuses et chrétiennes, elle fortifie notre grandeur nationale, accroît notre prépondérance politique et ajoute un titre de plus à tous ceux que la France possédait déjà à l'admiration du monde et à son estime.

## VI.

Il est hors de doute que l'année 1860 lègue à l'année 1861 un rude labeur à accomplir et des difficultés redoutables à résoudre.

L'Europe toute entière s'agite et s'émeut comme à l'approche des grands événements : elle comprend que des crises sont inévitables, et elle se demande avec une curiosité inquiète quels en pourront bien être les résultats définitifs. Ses regards se portent principalement sur l'Autriche, où un grand travail de dissolution se développe et s'achève, et sur l'Italie, où la Révolution prétend compléter ses récents triomphes par l'affranchissement de Venise et la conquête de Rome.

L'Empire autrichien ensevelit sa force passée dans une transformation complète et rapide. Composé de peuples divers, qui n'ont ni les mêmes tendances, ni les mêmes origines, ni le même langage, sa puissance, soutenue jusqu'ici par un déploiement inouï de moyens factices, s'éteint au milieu de compétitions ardentes, d'inimitiés profondes et du réveil soudain de nationalités assez énergiques pour sortir du cercueil, assez sûres d'elles pour se redresser, même après leurs longs malheurs. La Hongrie, que n'ont pu abattre ses défaites, glorieuses à l'égal de grandes victoires, a réussi, à force de patience, de courage et de ferme dévouement à son autonomie, à recouvrer une sorte d'indépendance qui la rend aujourd'hui à peu près maîtresse de ses destinées. La Galicie, violemment confisquée, se souvient qu'elle est polonaise et dicte au gouvernement de Vienne les conditions de sa tranquillité et de son obéissance; elle entend s'administrer, secouer le joug métropolitain et se délivrer d'un servage qui l'offense et lui pèse. La Dalmatie réclame ses anciennes franchises et impose, elle aussi, sa Charte nationale. Le Tyrol s'associe au mouvement et poursuit la conquête de ses anciens droits. La Bohême se rappelle qu'elle était autrefois un royaume indépendant, et déclare qu'elle entend recouvrer ses priviléges absorbés ou dissous. Enfin la Vénétie, frémissante sous la verge allemande, fière des sympathies qui l'environnent et ambitieuse de retourner au sein de la grande famille italienne dont elle a été distraite par d'odieux traités ; la Vénétie attend anxieusement l'heure de la délivrance et se prépare avec le calme de la force et la sécurité du droit au débat armé dont on annonce qu'elle sera bientôt le glorieux objet.

Voilà où en est la monarchie autrichienne, menacée de toutes parts, portant aujourd'hui la peine de ses fautes passées, abandonnée de ses peuples pour les avoir mal gouvernés, minée par le vice originel de l'agglomération fautive de ses provinces, périssant pour avoir abusé de sa puissance et mal compris l'étendue de ses devoirs.

Et cependant, on l'a dit, l'Autriche ne saurait être supprimée sans qu'il en résultât un grave dommage pour la paix du monde et un dangereux ébranlement pour l'équilibre européen. La maison de Hapsbourg a encore un rôle à remplir, une influence à exercer, une force à acquérir, si elle se résigne à des sacrifices ; elle peut se sauver et prévenir de grands désastres si, en donnant raison à la raison, en obéissant à des nécessités douloureuses pour son orgueil mais indispensables à sa conservation, elle fournit des garanties d'ordre intérieur à ceux de ses peuples qui les réclament, et la liberté à la terre italienne qu'elle tient courbée encore sous son oppression. Solférino lui a coûté la Lombardie ; la guerre prochaine lui coûterait la Hongrie et Venise ; bientôt ses autres provinces se détacheraient tout-à-fait d'elle, et un jour viendrait sûrement où elle n'aurait plus à perdre que sa couronne.

Il est vrai qu'on s'y est mal pris jusqu'à présent pour lui arracher une concession nécessaire. On lui a proposé de s'avilir en vendant la Vénétie, comme si un peuple était une marchandise qu'on aliène contre argent ; comme si elle pouvait s'abaisser, cette grande maison impériale, à recevoir en indemnité pécuniaire le prix de la justice rendue et du devoir accompli. Non, l'or n'est pas ce qui doit aplanir les difficultés de la question. L'Autriche peut avoir des besoins pressants ; elle peut ne pas payer ses dettes et côtoyer l'abîme de la banqueroute ; son malheur se comprend et jusqu'à un certain point s'excuse ; elle le déshonorerait si elle y mettait un terme en exigeant des Vénitiens une somme quelconque en échange de leur liberté.

Cependant il faut que le gouvernement de Vienne se hâte. La situation est pressante et nous allons toucher bientôt à l'époque fixée pour l'ouverture des hostilités annoncées et promises. L'Italie est prête pour l'attaque ; l'Autriche l'est aussi pour la défense. Si la guerre s'engage, la victoire pourra couronner les efforts et les espérances du jeune empereur ; mais suffira-t-elle pour affermir son trône, et le jour du triomphe ne sera-t-il pour lui la veille même des grandes catastrophes ? L'Italie sera refoulée ; mais

Venise, désespérée, sentira redoubler sa colère; la Hongrie se lèvera à son tour pour la venger, et l'heure des redoutables expiations sera proche. La guerre n'est pas une solution; même heureuse, elle ne serait pas une garantie pour l'Autriche. Le seul recours possible aujourd'hui, si François-Joseph redoute de voir un acte de générosité abaissé au triste niveau d'un acte de faiblesse ou de terreur, c'est un arbitrage européen, ce sont de grandes assises diplomatiques, c'est un Congrès. En dehors de là on n'aperçoit que perplexités confuses, embarras, périls graves, tumultes menaçants et désastres certains. L'Autriche a plus que tout autre pays intérêt à y provoquer, quand bien même elle pressentirait que l'arrêt à intervenir devrait lui être contraire. C'est elle, en effet, qui forme l'objectif principal des attaques qu'on prépare; c'est elle que la fièvre de la dissolution intérieure dévore et tourmente; c'est elle qui a surtout le devoir de prévenir les événements et de dominer les éventualités terribles d'un prochain avenir. Résignée donc à subir son sort, si dur qu'il lui puisse paraître, qu'elle écoute sans retard les voix bienveillantes qui l'entourent de salutaires conseils, et qu'elle fasse appel à l'intervention amiable de l'Europe : là est sa sécurité, son suprême espoir et son salut.

Mais le Congrès, en s'assemblant, n'aura point seulement à traiter la question vénitienne; la grande querelle de l'Italie toute entière sera du domaine de ses études et de ses délibérations; la situation de Naples et de Rome l'occupera, et il devra à la fois prononcer sur cette unité de la Péninsule qui est un rêve malsain, et sur les empiétements coupables dont est encore menacé le patrimoine de Saint-Pierre. Il serait indiscret et téméraire de chercher à pressentir les décisions dont l'occupation des Deux-Siciles serait l'objet de la part de l'Europe assemblée dans un but d'apaisement universel ; mais on peut être certain à l'avance que le pouvoir temporel du Saint-Père sortirait du Congrès affirmé et fortifié. Ce serait assurément un résultat considérable auquel le monde chrétien tout entier applaudirait. Il est temps, en effet, que le Vatican rassuré soit soustrait aux frayeurs qui l'assiégent, et que le Saint Père puisse vaquer au gouvernement des âmes sans être préoccupé sans cesse des périls extérieurs et des envahissements ennemis. Il faut que la Ville éternelle ne soit plus convoitée par la Révolution et que le tombeau de l'Apôtre ne demeure pas exposé aux outrages de l'impie. La France impériale, qui comprend si bien et remplit si dignement tous ses devoirs, continue l'œuvre qu'elle a commencée dès 1849, et ses soldats montent religieusement la garde aux côtés du Pontife. Tant que notre armée sera à Rome, la chrétienté n'aura rien à redouter pour le Saint Père non plus que pour sa tiare ; mais sa situation politique n'est ni régulière, ni normale, et son occupation militaire peut soulever un jour des difficultés telles qu'elle devrait cesser fatalement, à peine d'engendrer une guerre universelle. C'est à quoi il faut pourvoir. Le gouvernement romain s'en occupe, et l'on sait qu'il sollicite sans relâche les dévouements individuels de reformer l'armée débandée ou détruite à Castelfidardo ; mais tous les jeunes courages qui répondent à ces bruyants appels n'ignorent pas l'insuffisance de leurs efforts ainsi que l'inutilité de leur pieux concours : tant que les troupes françaises demeureront à Rome, la tâche des volontaires sera nulle ; du jour où nos régiments s'éloigneraient des sept collines, elle serait absolument impossible. L'armée pontificale n'a rien à faire lorsque la France veille sur la sécurité du Pontife ; elle ne pourrait rien faire si cette garantie souveraine venait à manquer à la Papauté. On ne se rend pas assez compte en un certain monde de cette vérité, et parce que quelques centaines de jeunes gens braves et résolus sont partis récemment pour Rome, on se croit le droit de nier l'efficacité de la protection impériale et le devoir de se montrer malveillant et railleur pour cette intervention sans laquelle le catholicisme aurait à pleurer sur de grands crimes et d'irréparables désastres. On profite du secours de la France, même en le calomniant ; on exige qu'il se prolonge dans des limites indéfinies, même en s'appliquant à en dénaturer le sens vrai, la portée, l'influence et jusqu'au caractère. La foi religieuse a fait place à la passion politique ; en feignant d'embrasser la cause du Pape, on cherche surtout à combattre l'Empire ; c'est bien moins pour le Saint-Père qu'on s'émeut, que contre l'Empereur qu'on s'insurge. On nourrit sur le résultat de ces manifestations toute sorte d'illusions exorbitantes et l'on estime qu'à la faveur de ce tapage qu'on improvise, il sera facile d'ébranler, puis de détruire l'édifice que la souveraineté nationale a construit et par trois fois consacré. Le Pouvoir assiste à ce travail insensé sans paraître y prendre garde; mais l'opinion s'en indigne et s'en afflige : elle y voit de l'ingratitude, d'une part, de la sédition, de l'autre; en tout cas et partout une pensée mauvaise et un sentiment fâcheux. Aussi hâte-t-elle de ses vœux le moment où, la question étant enfin tranchée, tout prétexte d'injuste suspicion sera enlevé au gouvernement romain, en même temps que toute perfide excuse manquera pour expliquer ces agitations hautaines, insolentes et factieuses dont la religion souffre et dont à la fois le pays se lasse et s'irrite.

Cependant, telle qu'elle résulte des faits actuels, la situation de la France vis-à-vis des Etats de l'Eglise ne peut être maintenue sans une régularisation officielle et diplomatique; et cette régularisation ne saurait sortir que d'un Congrès. C'est donc à l'idée du Congrès que tous les honnêtes gens de toutes les opinions doivent se rattacher. C'est un Congrès qu'il faut vouloir pour triompher de toutes les grandes entraves qui s'opposent au développement du bien, pour réconcilier les peuples et les princes dont les discords ont produit tant de douleurs et tant de ruines, pour restaurer les droits méconnus, émanciper les faibles, affranchir les opprimés et vaincre cet esprit révolutionnaire qui se manifeste avec tant d'audace et dont l'effort nous déborde.

En dehors d'un Congrès, il n'y a que la guerre. Or, la guerre, qui en veut, sinon les méchants et les fous? Nous sommes arrivés à une époque où les grands différends internationaux doivent être réglés autrement que sur les champs de bataille ; pour avoir méconnu ce principe de notre nouveau code politique, la Russie a perdu sa prépondérance dans la mer Noire, et l'Autriche l'une de ses plus riches provinces. Mais les luttes intérieures, les querelles intestines, si elles n'ont pas une voie d'apaisement aussi nettement prévue et indiquée, peuvent être classées dans une catégorie analogue ; plus elles sont ardentes et renferment de périls, et plus il est du droit instant de la diplomatie de s'en saisir pour y mettre un terme. Enfin quand c'est la Révolution qui s'agite; quand c'est l'ambition demesurée d'un prince qui se couvre d'un masque de patriotisme et de nationalité pour confisquer le bien d'autrui et porter le désordre et l'anarchie dans un pays voisin; quand c'est un chef de conspirateurs qui prépare à brève échéance des expéditions formidables et qui prononce l'anathème contre ce qu'il y a de plus saint et de plus vénéré sur la terre, le droit devient un impérieux devoir, et ce serait pour l'Europe une faute, un crime et un opprobre que de ne pas assembler son tribunal pour placer l'intervention puissante de sa justice et de son invincible force entre la menace redoutable qui se produit et le fait terrible qui s'avance.

BIBLIOTHÈQUE IMPÉRIALE

www.ingramcontent.com/pod-product-compliance
Lightning Source LLC
LaVergne TN
9.951 846091LV00005B/2044 [431371867]